그대에게 이르러
별처럼 빛나기를

그대에게 이르러 별처럼 빛나기를

초판 1쇄 발행 2023년 3월 1일

지은이 전호진
펴낸이 장길수
펴낸곳 지식과감성#
출판등록 제2012-000081호

교정 주경민
디자인 김찬휘
편집 김찬휘
검수 김지원, 이현
마케팅 정연우

주소 서울시 금천구 벚꽃로298 대륭포스트타워6차 1212호
전화 070-4651-3730~4
팩스 070-4325-7006
이메일 ksbookup@naver.com
홈페이지 www.knsbookup.com

ISBN 979-11-392-0956-3(03810)
값 12,000원

- 이 책의 판권은 지은이에게 있습니다.
- 이 책 내용의 전부 또는 일부를 재사용하려면 반드시 지은이의 서면 동의를 받아야 합니다.
- 잘못된 책은 구입하신 곳에서 바꾸어 드립니다.

지식과감성#
홈페이지 바로가기

그대에게 이르러 별처럼 빛나기를

전호진 시집

목차

Ⅰ. 그대에게 이르러 별처럼 빛나기를

나를 보는 그대가 예쁘다	10
별이 된다면	11
궁금해진 하루	12
존재의 의미	13
살다 보니	14
여운(餘韻)	15
그대 잘 살고 계시오	16
네게 닿아지면 좋겠다	18
사는 게 뭐 별거 있나	19
나의 가을을 기억하라	21
"원태연" 바라기(자화상에 비친 글)	22
비 오는 날에는	24
천일홍(꽃말: 변치 않는 사랑)	25
바람이 부는 날에는	26
그대의 계절을 기억합니다	27
나의 사월도 행복했습니다	28
인생예찬(人生禮讚)	30
매화꽃 핀 계절에	32

그대를 만난 것이	33
그대 눈부시게 빛나리라	34

Ⅱ. 그대 그리운 이 밤에…

이 계절은 그래도 되는걸	36
그대 그림자 뒤로	37
어제처럼 기억되기를	38
그리울 테니	39
이젠 안녕	40
어느새 다시	42
우리가 얼마나	44
비움과 마주하기	46
평안으로의 기도	47
이별연서(戀書)	48
이제 가나 보네	50
사공의 노래	52
고요로 이른 계절에	54
그 봄에 술 익듯	55
술 한 잔의 상념	56

그대의 그런 말이 참 좋다	57
당연으로 머물다	58
그대와 이유가	59
우리가 이별하고 있다	60
어찌 잊어도 볼까요	61
삶과 이별에 대하여	62
시작하는 날	63
가을에 스미다	65
별빛 이는 계절이면	66

Ⅲ. 우리가 사랑했던 시간은 평안으로 흐르고

어느 단막 배우의 독백 中	68
그리운 님 전 상서	70
나의 길	71
비 내리는 가을의 밤	72
금강산 화암사에서	74
이 가을엔	75
아, 가을아	76
부석사에서	77

어머니 1.	78
달이 보는 노을에게	79
시월의 마지막 밤	80
인생수학	82
어머니 2.	83
나의 가을은 떠나고	84
고슴도치 사랑	85
봄눈이 내립니다	88
남해에서 동해를 그리다	90
사월의 봄에 대하여	91
겨울의 어디쯤	92
동백이 피는 날	93
봄이라	94
춘분, 그리움을 남기다	95
널 사랑하는 건 선택이 아니다	96
들꽃	97
기억하리라	98
보통의 날이었다	99
이생인연	101
어디쯤	102

I

그대에게 이르러
별처럼 빛나기를

나를 보는 그대가 예쁘다

봄 피는 계절의
비 내리는 날
우산을 쓰고 앉아
너를 보듯
길섶의 들꽃을 본다

매만지는 손끝에
빗물이 스미듯
너의 우아한 동작에
봉숭아빛으로 물들어 스며든 봄

그댄 어찌 그리 예쁜지,
예쁨을 대하는
그대의 소리 하나하나에도
설레는 이 계절,

나를 보는 그대가 참 예쁘다

별이 된다면

기다림의 긴 밤
어둠에 물든 그리움이
그대에게 이르러
별처럼 빛나기를
내가 말하지 않아도
소리 내 부르지 않아도
너에게 나의 그리움이 닿아
그대 역시 날 그리워해 준다면
이르러 그대의 곁에 빛나리라

궁금해진 하루

어제의 그대가
오늘의 그대가
내일의 그대가
하루의 그대가
매순간 그대가
그렇게 그대가
그래도 그대가
언제나 그대가

나는 궁금하다

존재의 의미

내면의 깊은 어느 곳부터
언제의 시간에 그댄 시작되었을까
고민할 새도 없이 그렇게 스미더니
심장을 뛰게 하고, 숨을 가쁘게 한,
나에게 넌 정의되지 않고
그저 당연으로 머문다

살다 보니

그리움과 원망의
중간쯤에서
너의 주변을 맴도는 생각들
너를 떠났다 생각했지만
너의 이름 석 자만으로
허물어지는 나는 어느새
또 널 기억하고
또 널 잊어 가고 있다

여운(餘韻)

한 방울의 빗소리
세상을 다 적시는 것,

가고 난 뒤에
그렇게 남겨지는 것,

변하고 변한 세상에도
홀로 남아 기억되는 것,

모든 걸 지워 버려도
또다시 기억되는 것,

내게서 그대와 같은 것.

그대 잘 살고 계시오

어두운 이 밤에
그대 위한 별 하나 띄울 테니
이 길 따라 오시겠소
참 오래전에 꺼 버린
수은등 하나
처마 끝에 밝혀 두고
그대 올 때까지 기다릴 테니

떠나는 걸음에 쉬이 뱉은 약속
한 자락이라 가벼이 마시고
매 순간 진심으로 그대에게 고하니

그믐의 밤 홀로 뜬 별,
눈부시게 빛나는 밤이면
그대 그리다 잠든 날
어둠의 끝에서
홀로 흘린 눈물이라 보아 주오

그대여, 세상 어디라도
그대 부디 잘 살고 계시오
꼭 그렇게 다시 우리가 만난다면
그땐 이별하지 맙시다

네게 닿아지면 좋겠다

먼 날의 어디쯤으로 흐를까
여름 장맛비의 지리함에
불같이 타오르던 계절의 날들도
한풀 식혀 낸 8월의 어느 날
그저 흐르다 닿아지면 반가울
우리지만 또 언제를 기약할까
기다렸다는 듯이 맞아 줄 수 있는데
정녕 그대는 얼마의 시간을
견뎌야 올는지
이 시간이 흘러
네게 닿아지면 좋겠다

사는 게 뭐 별거 있나

하루를 잘 살았다 하니
또 내일을 기다리는 삶이고
한 달을 잘 살았다 하니
그저 난 인생의 일 년을 버텨 낸 거구
그래 그래 지나다 보니
결국 여기가 내 자리였던 걸

아등바등 살았어도
새끼들 키워 내고
부모님 떠나보내고
마누라 힘 빠진 걸음에
눈물지을 시간도 없이 살았더니

어두운 밤 한숨에 하얗게 새어 가는
내 흰머리만이
살아온 인생을 새김질하네

사는 게 뭐 별거 있나
돌아보니 다 같은 자리였던 걸

사는 게 뭐 별거 있나
살 부대끼며 살아도 한세상이었던 걸…

나의 가을을 기억하라

산문(山門)밖, 어디쯤에 있을까
까치발 마중 선 가을이
어느새 저 먼 풍경에 스며
들불처럼 대지를 태우고
잔조의 가을날을 밝힌다

산천(山天)이 붉게 일렁이는
시월의 계절이
그림자 짙은 바위 밑에도,
바람 닿아 빛나는 자작나무 숲에도,
그렇게 스며 빛나고

걸음 끝 바스락이는 길 위에
그대 미소 닮은 바람 한 줌으로
어느 세상을 날아 흩어질 가을이어도
영원처럼 각인될 오늘의 이 계절을
난 끝끝내 기억해 내리라

"원태연" 바라기 (자화상에 비친 글)

언제인지도 가물가물한
과거의 시간 어느 날엔가
처음 접한 원태연 시인의
그 빛나는 싯구로
난, 새로운 詩에 매료되어 버렸지

그렇게 써 오던 원고지를
쓰레기통에 던져 놓고
시는 이러하마 사사하던 스승의 뒤에서
읽고 또 읽고 설렜던 십대의 단어들,

빛나는 글자에 넘쳐 나던 詩想으로
밤을 새고 또 새던 젊은 날의 자화상이
어느새 중년이 되어 오십 줄 앞에 서도
그 떨림으로 글을 쓰는 나,

참 좋은 글
참 좋은 마음에
또 취해 좋은 오늘의 이 밤이
난 좋고 또 좋다

비 오는 날에는

비처럼 그리운 사람이 있습니다
이 비에 소리 없이 젖어 들어
그리운 사람이 있습니다

나를 모두 다 적시도록
그 앞에 서게 하는 사람,
미치도록 보고 싶어
달려 나간 거리에서도
끝내 찾지 못하겠지만

밤이 내려 빛나는 길 위에
멈추지 않는 이 빗속을
오늘도 그대 찾아 걷습니다

비가 내리면
그리움이 되는 사람이 있습니다
그 사람을 사랑하는 내가 있습니다

천일홍(꽃말: 변치 않는 사랑)

눈부신 빛남으로
그 어귀 어디쯤엔 피었을까?
그리는 이 아무도 없는
빛나는 봄날 피었다가
홀로 견디던 밤들에 지쳐
그렇게 소리 없이 사그라져도
너는 날 기다리겠지
그 시간 또 그 자리에서

바람이 부는 날에는

그런 날이 있다
문득 그립고
문득 슬프고
그러다 눈물이 나는,
바람이 부는 날
내게서 그대는 눈물이 된다

그대의 계절을 기억합니다

푸름의 하늘에
볕 좋은 바람으로 불어
산천의 벚꽃이
구름으로 날리는
설렘의 봄 계절에

눈부신 오늘이
우리의 공간에 머물러
그 오래 기다렸던
사랑스런 떨림처럼

그대와 함께였던 시간을
그대 곁에 머물렀던 이 계절을
그래서 아름다웠던 우리 봄을
오래오래 기억합니다

나의 사월도 행복했습니다

그대

그때의 시간처럼 비가 내립니다
아련한 그날 하염없이 젖어든 건
그대 잡은 손등이었는지
차마 볼 수 없었던 그대 얼굴이었는지…
마냥 슬펐던 눈물 위로
먹먹한 그리움에
또 봄비는 내리고 목련은 져 갑니다

우리가 어느새
서로가 그렇게 먼 얘기가 되어
봄비가 내리는 날이면
목련 나무 밑에 서서 또
내 상념은 그대 생각에 젖어 갑니다

그대

나에게 이 봄이 그렇듯
그대에게도 아프지 않다면
나의 사월도 행복했습니다

인생예찬(人生禮讚)

영원을 말한 삶은 어디 있을까
오늘을 살아 낸 만큼 또 줄어들 삶이라도
공허를 날다 끝내 힘에 겨워 스러진
내 삶의 포기와 자책들 속에 남겨지더라도
그 마지막 빛은 찬란하길…

어디로 와서 어디로 가는지 누가 알까
그저 저물어 가는 날들의 어디쯤에
알 수 없는 어둠에 가려진 달처럼
또 잊은 듯이야 살겠지만
저 달 또한 그렇듯
가득 찼으니 또 비워 낸 삶인 걸

오늘을 살고 또 맞이할 내일
인생의 어디 어디쯤에서
내내 갈등하고 내내 고민하며
그렇게 내디딘 걸음에도 후회할지 모를 삶
어떠랴 그래도 한 번인 삶이니
멋 내고 살아 본들 그 아니 좋을까

매화꽃 핀 계절에

봄볕을 걸어둔듯
양지길 모퉁이에
환한빛 눈부심은
그대봄 닮았던가

매화꽃 날리우는
살랑인 봄바람에
情人의 가슴속도
봄빛에 물이든다

그대를 만난 것이

그대를 만난 것이
우리가 만난 것이
인생의 당연이라면
굳이 계산하고
따져 물어 무얼 할까

나의 밤에 별이 뜨고
그대의 낮에 눈부신
오후 빛이 있듯이
서로에게 젖어 든
이 모든 것이 감사함인데

또 무얼 위해 날을 세우고
감정을 허비하랴
내게서 그대는
그대에게서 난 숙명인 것을

그대 눈부시게 빛나리라

어느새 짧아진
밤의 그림자 뒤로
우리의 시간은
꽃빛으로 계절을 맞이하고
투명하게 빛나
눈이 부신 이 시간
설레는 계절
그대의 봄에
우리의 사랑도
눈부시게 빛난다

II

그대 그리운 이 밤에…

이 계절은 그래도 되는걸

어둠 진 도로의 저녁
별빛처럼 빛나는
나의 계절이 눈부신 밤

계절의 바람은
나의 시간을 흔들어
대지를 향기로 채우고

나의 봄, 이 별빛도
지나갈 이 시간의 아쉬움도
어떠랴, 설레어 잠 못 드는 밤
이 계절은 그래도 되는걸

그대 그림자 뒤로

휘적휘적
휘청이는 걸음으로
밤빛 바람 따라 이른 길에
선홍빛 목단 향
그대 그리운 이 밤에 가득이고

못내 그리워 애틋한 밤이면
깊은 어둠의 침묵 속
기나긴 밤의 길을 지나
저 달은 또 그대 그리움 뒤로
사라져 간다

어제처럼 기억되기를

우리 곁을 흐르는 시간이
어디로 간들 어떨까
함께했던 기억이 그래도 행복인 것을

바람처럼 머물렀던 시간이
어느새 먼 언제쯤의 추억이 될 오늘
행복했던 시간은 어제처럼 기억되고
어느 시간에 머물러도
그대가 행복하기만 하다면

그래도 웃을 수 있을 텐데

그리울 테니

또 얼마나 흘러야 할까
다 담아 내지도 못한 계절이
그렇게 행복할 새도 없이
또 다른 기억의 한곳에 머물러
잘 가라 인사도 못하고
잘 있으란 안부도 전하지 못한 채
이 가을, 날 남기고 가네

도시의 찬 도로 위로
그저 덩그러니 길 잃고 선 내게
머물렀으니 그렇게 바람 따라 간다고
그리울 테니 기억의 선 어디쯤에
흐르고 머물러 추억하라 하네

온전히 내 것은 아니었지만
그래도 함께 걸었으니
아픈 시간도 또 즐거웠던 날들도
붙잡아 얽매지 못한 나의 기억에
그거면 되었으니, 잘 있으라 하고 가네

이젠 안녕

어둠이 수명을 다하고
그 빛을 잃어 가는 시간
허공에 짓는 손짓처럼
어둠 속 바다는 일렁이고
남해의 바람을 딛고 선
아침의 햇살로
맞이하는 오늘의 가을,

새벽 속 나의 계절은
더 차가워지겠지
그렇게 색들을 잃어 갈 거고
내내 아프다 보면
담담해질 순 있을까

차마 이별할 준비도 못 한 채,
차마 보내 주마 약속도 못 한 채,
눈물로 이 계절을 기억하고,

눈물로 이 가을을 추억하고…
점점 옅어져 가는 너의 향기 속으로

나의 가을은 그렇게
머물다 간다

어느새 다시

식어 버린 커피 한 잔으로
지나가는 우리의 계절을 가늠할까
대지를 뒹구는 낙엽들의
바람과 바람 사이로
그렇게 흩어지는 이 계절이
우리를 닮아 슬픈 날

덩그러니 홀로 남은 공허의 시간에
너의 안에선 보지 못했던 감정이
풀지 못한 숙제처럼 몇 날의 날들을
또 몇 날의 밤들을 지샌 뒤에야
그것이 사랑이었음을 말하고

동화가 없는 어른의 세계처럼
삭막함으로 매달린 가지 끝 잎새
내내 버릴 수 없었던 이 마음이
그저 담담하게 이별을 준비하는 시간

어느새 다시,
우린 이 계절의 뒤에 서서
보내고 또 비울 준비를 한다

우리가 얼마나

널 사랑했고
그렇게 그리워했지만
긴 시간 속의 흔적은
파도에 쓸린 모래처럼 허물어지고
결국 바람 속으로 사라지고 마는
허무한 시간들이었을까

우리가 얼마나
더 지나야 서로에게
잊힐 수 있을까

이유 없이 질러 대던
광기의 악다구니도
먼 시간의 어디쯤엔 그저
하나의 허무로 흩어질 감정,

알지만 가야 하고
알지만 갔어야 했던
그 길 위에 서서
우리가 얼마나 더
견뎌야 할지…

비움과 마주하기

어느새 떠난 너의 자리가
휑하니 바람만으로 가득 담겨
공허를 말하기도 전
그저 숙연함으로
비움을 대한다

스미듯 머물다
너의 잔상의 끝에서
내내 목 놓아 울어 버린 밤
아무것도 남지 않은 계절에
또 얼마를 아파해야 할까

어쩌면 오늘이
어쩌면 이번이
널 대할 마지막일지라도
용기 내 선 너의 앞에서
눈물로 참회의 詩를 써 내린다

평안으로의 기도

이젠 되었을까
한여름 내내
치열히 소란했던 일상들이,
눈물로 가득했던 나의 밤 안에서
후회로 켜켜이 쌓아 낸 삶 안에서
달아올라 고함치던 처절한 몸부림으로
그래서 힘들었던 시간들이
이 계절엔
위로와 평안으로
안식에 이르길

이별연서(戀書)

눈부신 날, 빛나는 해처럼
그대와 좋은 추억이 남았을 때
이별을 하려 합니다

이별에 무슨 뜻이 있을까요
함께였고, 먼저였던 삶이
함께하지 못하고 다른 것들이
서로의 삶에 우선인 동안
외로웠을 몇 날의 밤,
슬퍼 아팠던 몇 날의 낮,
그 시간들 뒤, 서로의 곁을
서성이는 우리가 슬퍼질 때쯤
이렇게 이별을 합시다

늘 이유가 먼저이고
늘 바램에 서운했던 우리가
서먹한 마음으로 대해지는 어느 날

여전히 눈부시게 빛나고
여전히 설레도록 사랑하는 그대지만
더 이상 내게서 퇴색되기 전,
슬픈 기억만 남기 전에…
그대 황홀한 모습만 기억되어
가슴 한 켠 서로가 없음이 평생 아쉽도록
이렇게 눈부신 날 이별합시다 우리,

사랑하고 그래서 행복했고 감사합니다

항상 건강하고 행복하길 빕니다
바람에 들리는 그대 소식에
잘 살고 계시다면
기꺼이 웃어 기뻐하겠습니다

이제 가나 보네

언제 피려나
간밤의 바람에도
그리워 버텼더니

가을볕 물들어
붉어진 잎새,
또 어김없이 왔다 가네

한 해도 빠짐없이
그렇게 와 주어 고마운데
어찌 이쁘다 할 새 없이
이 가을이 떠나가네

사랑하는 사람 그대 닮아
그저 소담히 붉었던 낯으로
가을에 앉아 재잘대던
그 이쁜 사각거림이
바람을 타고 그렇게
이 가을이 또 가나 보네

사공의 노래

어기야 쉬지 마라
이 어둠도 곧 가려 하니
부지런히 저어 저어
네 곁에 아니 닿을까

어기야 쉬지 마라
그 삶이 불쌍해 어이할까
어느 볕 좋은 날엔
좀 쉬어도 보련만
비바람 치는 어느 날이라
좀 피해 가면 어떠랴
지금이 아니면
이 생의 끝엔 못 갈까

어기야 쉬지 마라
쉼이 없는 그 인생
애달파 서러워 마라

가다가다 닳아지면
그것도 행복한 것을

어기야 쉬지 마라
저어라 힘껏, 너의 인생을 다해
노를 저어 저어
쉬고 누울 그곳에 다다르면
그래도 좋았던 인생이라
노래 한 자락 달아 보자

고요로 이른 계절에

차가워진 밤과 밤의 사이
바람이 전해 주던 시간의 틈새로
적막에 이른 어둠이
가을로 스미면
고요로 이른 계절,
설레어 소란한 심장 소리에
시간은 어느새
그대 앞에 날 놓는다

그 봄에 술 익듯

천년의 그날에도
그대봄 빛났던날
좋은볕 머무르다
그봄에 술이익듯
매화향 취기온라
봄바람 일렁이면
그향기 닿아선곳
어디든 그길위로
그대향 지천이다

술 한 잔의 상념

그리워 아픈 밤,
홀로 대하는
소주 한 잔 앞에
주저한 그림자가
상념의 고요로 취하고
세월의 힘듦이야
망각의 한 잔이면
그렇게 취함으로 잊는다

그대의 그런 말이 참 좋다

눈부신 날들의 아침에도
빛났던 삶의 시간 어디쯤에도
그냥 그대이기에
설레던 순간순간
무심히 피어 예뻤던 봄꽃처럼
그냥 툭 던져진 그대 한마디
"내가 좋으니 그냥 좋다"
그래, 난 그대의 말이 참 좋다

당연으로 머물다

내면의 깊은 어느 곳부터
언제의 시간에 그댄 시작되었을까
고민할 새 없이 그렇게 스미더니
심장이 요동치고
순간순간의 설렘으로 빛나는
그대여서 행복한 삶의 환희들
그렇게 나에게 넌 정의되지 않고
그저 당연으로 머문다

그대와 이유가

서로가 서로에게
어떤 이유인가 묻노라면
무엇이 의미라 할까
서로여서 웃게 되는
행복한 그 순간이,
그리워 애달픈 그 밤들이,
그러니 또 물어 무엇 하나
서로 잡은 이 손이
우리의 전부일 것을

우리가 이별하고 있다

이별한다면
그렇게 남게 되겠지
끝끝내 놓아진 손을 잡지 못하고
감정의 뒤에서 소리 없이 울어 내며
다른 시간 속으로 걸어가는 거겠지
다시없을 시간을 미련으로 두고
추억도 용기 없이 망설이다
끝끝내 이별하겠지
그리워할 용기로
붙잡지 못한 비겁함을 탓하며
각자의 인생에서
각자의 시간 속으로 돌아가며
이미 후회로도 돌이키지 못할 미련…

그렇게 우리가 이별하고 있다

어찌 잊어도 볼까요

언제고 올까요
그저 떠남 뒤엔
영영 이별이겠지요

다 잊고야 만다면
얼마나 좋을까마는

바람이 불고
낙엽이 지는 날
그대가 이리도 그리우니
어찌 잊어도 볼까요

삶과 이별에 대하여

계절의 낙엽처럼 떠나는가
현실에 붙들려 굳어 버린 삶이라
허상의 무엇이 진실이었는지
그저 마음 다해 사랑했음 그뿐,
시간 안에서 끝내 영원치 못해도
이별을 향한 삶, 우린 진실하였으니
그대를 보내는 이 바람도 기쁨이라

시작하는 날

우리의 시간들이
바람처럼 흐르다
꿈처럼 스미는 3월의 오늘,
이 봄의 날처럼
온통 꽃으로 물들어
서로가 서로에게 행복으로 기억되길

눈을 맞추고 호흡을 맞추고
손을 잡고 걸음을 맞추며
2막의 인생을 함께 행진하듯

살아온 다름에 오해의 가슴으로
뒤돌아 펑펑 울 날에도
서로를 닮은 예쁜 아이로
마냥 행복할 날에도
행복으로 단단한 울타리를 세우며
서로의 인생을 함께하겠지

너의 미소가 더없이 행복한 오늘
이 세상이 봄처럼 빛나는 결혼식에,
서로의 사랑은 역사의 증언처럼 확고하였으니
믿음으로 시작한 온전한 품속에
더없이 행복할 서로의 시간을 믿으며
함께 걸어가려는 인생의 끝에서도
오늘처럼 빛나게 살아 내기를 기도한다

내일을 운명처럼 빛내고
그 꽃길을 함께 만들어
더 행복하길
더 설레이길
더 기쁨이길

가을에 스미다

귀뚜라미의 밤새 운
애달픈 울음에
꼬박 뒤척인 새벽녘,
한 귀퉁이 열어 둔 창문 새로
나의 시간이 시나브로
가을에 스미고 있다

별빛 이는 계절이면

빛을 잃어 어둠에 물든 밤
대지를 방황하는 바람의 소리가
단잠을 깨웠을까
촌로의 잔기침에 묻은 한숨이
이 밤을 상념의 속으로 이끌고
보이지 않는 그림자 위안 삼아
홀로 참았을 눈물이 끝내
고요를 적실 때
먼 훗날 그때쯤이면
주름 깊게 살아 낸 인생도
별이 되어 빛나지 않을까
세속에 늙어진 몸뚱이야
그저 찰나를 살아 낼 테지만
별의 빛이 바람을 타고
길섶을 스치는 이 밤은
가을로 스며 영원을 살리라

Ⅲ

우리가 사랑했던 시간은
평안으로 흐르고

어느 단막 배우의 독백 中

보이지 않는 걸
보라 하는 건 미련이다
딱 좋을 때까지가
어쩜 지금일지도 모르니
미련이 있다면
그냥 놓아주는 게 좋겠다

어차피 감정엔
일방통행은 없으니
잘하려면 잘 마무리 하고
그렇게 더없이 좋을 때
페이드아웃하라

사랑의 무대에서,
인생의 극 중에서,
흔들림 없이 어둠 속을 걸어가는
그 막 뒤의 배우처럼 퇴장하라

남으라고도 하지 마라
그건 미련이니
보내 주고 기억해 주면 그 뿐인 것을

그러니
이 연극은 여기서 끝맺자

그리운 님 전 상서

달빛찬 십이월 겨울의 길턱에
보내고 돌아서 눈물진 서글픔
홀로이 견뎌낼 그세월 보다도
남겨질 그대가 애잔해 어쩌랴

남해의 바람에 세상속 어딘가
그립고 그리운 이마음 보내니
닿아져 그대가 반가워 한다면
이겨울 바람도 그아니 좋을까

나의 길

거창한 인생의 길 아니어도
화려한 인생의 길 아니어도
그대 곁 어디쯤 닿을 한 걸음이면
사랑하고, 사랑받고,
그래서 더없이 좋았던 나의 삶에
그대와 함께한 인생의 역사가,
공허와 허무여서 슬프대도
난 또 무얼 바랄까…

오늘도 그 삶 속으로
나의 시간을 걷는다

비 내리는 가을의 밤

그대, 남해의 바다
해송 숲 사이로 가을 밤비가
소란하게 내립니다

아마도 그 비에
이 계절은 한 뼘 더 커지겠지요
얼마를 더 헤매야 이를지 모를
방황의 시간 속에서도
애태워 찾던 그대에게 이르는 길은
여전히 미정입니다만

이 밤이 지나고
이 비가 그치면
그래서 나의 가을이
그저 선명히 빛나는 계절에 닿으면

어쩌면 나도 이 가을을 따라
그대와 행복에 이를 수 있지 않을까요

그대여 남해의 바다엔
가을비가 소란하게 내립니다

금강산 화암사에서

단풍빛에 이끌려 넋 놓고 앉아 본 풍경에
수바위 기슭으로 낙엽이 날려 내리더니
어느새 발치 가득 가을이 수북한 날
멀리 바다빛은 하늘에 묻히고
금강산 첫 봉에 단풍도 져 가는 오후,
란야원* 대추차 익은 향기 따라
계절은 점점 가을로 흐른다

---
* 란야원: 화암사 경내 찻집

이 가을엔

여백으로 가득 찬
가을의 하늘에
또 무얼 그릴까
그저 있음에
설렌 맘이면,

이 가을엔,
그거면 될 것을…

아, 가을아

가을밤 스미는 달빛새
외로워 보내는 마음에
달하나 별하나 그리고
스치듯 살랑인 바람에
내사랑 그대곁 닿기를

어떠랴 이밤이 지나면
꿈처럼 지나갈 가을에
내마음 빨갛게 태워도
함께면 좋은날 이계절
여전히 그리워 설렌다

부석사에서

부석사 대웅전 마당 한편에
석양빛 단풍이 법당 안까지
물든 가을의 오후
주지 스님의 목탁 소리에
풍경은 화답을 하고
법당에 드린 가을잎 그림자
합장하듯 져 내린다

어머니 1.

어느새 닳아진 머리끈으로
정갈히 묶인 그대의 흰머리가
겨울 볕처럼 하얗게 빛나는 날
다 타 버린 양초처럼 끝끝내
사그라들어 흩어질 삶의 순간까지
내 가는 세월 어디쯤에 밝혀져 있을
그대의 기도,
주름 깊어 어두운 인생이라도
그래서 슬픈 오늘이라도
어찌 아니 행복할 수 있을까
어찌 아니 사랑할 수 있을까
오랜 시간 함께였던 날들을
오랜 시간 사랑했던 날들을
감사하고 또 감사합니다

달이 보는 노을에게

가을의 날이 떠나는 어디쯤
차가운 바람 한 줌이
밤으로 흐르다 멈춘
시선의 끝에서
떠나지 못한 계절에
그리움을 전한다

한없이 그리웠고
애설폈던 날에도
미처 돌아보며
아련해 할 시간도 없이,
떠나고 맞이했던
계절의 중간에서
가을의 달이 노을에 물든다

시월의 마지막 밤

낙엽 진 밤의 색깔 위로
너의 손을 잡고
너의 수다를 들으며
너와 맞춘 눈빛에
함께 걷던 길 위로
별처럼 빛나는 나의 시월이
바람처럼 떠나고 있다
아름다운 가을밤이었다

떠나는 계절의 시간도
또 그렇게 채워질 시간도
한없이 영광스레 빛났던
오늘의 시월의 밤이
영영 돌아오진 않으련만

너와 함께여서
눈물 나게 행복했으니

그 달떴던 설렘을
나의 추억에 남기며
어색한 이별을 해야겠다

시월의 밤,
아름다운 가을밤이었다

인생수학

참 알 수 없는 게 인생이다
우리가 가진
그 수많은 경우의 수 중
나였고, 너였던 서로가
서로의 시간 어디쯤에서
결국 만나게 되고,
사랑하게 된 히스토그램
세상 어느 방정식으로도
풀리지 않는 우리의 인생은
답 없는 수학 문제처럼
그 정답을 알 수 없다는 걸
인생의 뒤에서야 알게 되었다

어머니 2.

말하지 않아도 안다
그대의 눈빛으로 말하고
그대의 숨결로 느끼고
그대의 체온으로 안식하는 사랑
말하지 않아도 안다
얼마나 가슴 깊이 아끼는지
얼마나 뜨겁게 그리워해 주는지
얼마나 사랑하는지
그저 침묵으로 답하고
모른 척 눈을 감았을 뿐
공기로 전해지고
암흑의 여로에서도 빛나던,
언젠가 말하리라
용기 내 건네
그대에게 고백하리라
이 삶을 감사해한다고
이 생명을 다해 사랑한다고
나의 어머니,

나의 가을은 떠나고

간다는 계절이야
막아 무얼 할까
스치듯 머문 나의 시간도
아무것도 남지 않을
떠난 후의 공허에
의미는 두어 무얼 할까
다시야 볼 수 없겠지만
내게 지금은 소중했으니
그 먼 뒤에야
돌아볼 행복이면
영영 간대도
웃으며 보내야겠지

고슴도치 사랑

가슴 시린 계절
날것의 마음에 찔려
서로의 온기를 품지 못해
슬픈 날과 날들 속에
내민 손 한 번 잡아 주기가
무에 그리 어려울까

안타까워 눈물 흘리던 밤
그리워 빈 가슴 더듬던 날들,
뜨거운 가슴을 내어 보이며
꽉 한 번 안기도 버거운 세월을
애써 담담히 걸으면서
사랑한다 말하고
고맙다고 말하는데
무슨 용기가, 무슨 주저함이 필요하랴

고슴도치 사랑의 대가로
가시에 찔려 피 흘릴 희생이어도
그 곁에 함께하는 것이 행복인 것을
영 떠나고 나서야 알까마는

넘치고 넘칠 미움을 퍼내
메마른 바닥의 샘에서
참회로 흘릴 눈물이
우리에게 또 무슨 대수랴
그 아픔을 딛고 선 지금이
행복이라면

후회는 세월처럼 빠르고
용기는 촛불처럼 흔들려도
찔려서 아플 걱정에
해 보지도 못한 아쉬움이
멍에가 되지 않도록

그렇게 사랑하고
또 사랑하라

봄눈이 내립니다

그대,
봄눈이 내립니다
아침 볕엔 하늘도 파랗더니
샘내듯 차가운 봄눈꽃이
그대 오던 길 위를
하얗게 덮어 냈네요

그대,
어디쯤 왔을까요
이월도 다 가는 계절의 끝에서
먼 바다를 지나고 높은 산도 지나
봄으로 그대가 올 텐데
아직인 찬바람에 그대 손이 얼겠네요

그대,
하얗게 덮여 낸 길 위에
부디 나를 잃지 말고

그 바람 내음 따라
꼭 와 닿아 주기를 기도합니다

그대,
봄눈이 내립니다
그렇게 쌓여 덮인 계절 안에
그대 맞을 봄꽃을 피울 테니
부디 나의 계절에
늦지 않게 오세요

그대,
이월의 오늘
하얀 봄눈이 내립니다

남해에서 동해를 그리다

바다가 별개 있을까
하늘색 닮은 푸른빛과
솔숲을 따라 해안을 감는 바람
그리고 파도의 건재함이
어디라 다를까

남해의 바다 앞에서
동해의 푸름이 그리운 난
아마도
이곳에 그대가 없기 때문일까

남해의 바다에서
동해를 그린다

사월의 봄에 대하여

바람 닿은 첫 자락
살랑이는 바다를 닮은
파란 하늘 가득
흩날리는 벚꽃이
눈물 나도록 시려 예쁜
나의 사월에

멀리 금강산을 타고
화암사 경내를 돌아
하늘 닮은 바다로
사월의 바람은 흐르고

벚꽃 가지 끝에서
숨을 틔운 나의 봄이
대지를 가득 봄눈 내리던 날
꽃잎 흐드러진 볕 좋은 산중
나의 봄,
나의 사월이
눈이 시리도록 빛나고 있다

겨울의 어디쯤

긴 겨울이었을까
봄을 기다린다는 사실도
이제 기억하지 못할 어느 날

그대가 봄으로 왔다

분명,
이 계절 이 바람은 그대로건만
겨울 어디쯤을 지나는
시간 속에서 그대가 폈다

남해의 그곳엔 동백꽃이 지천이겠지
남국의 바람이 먼저 닿아진 언덕으로
그대 향 품은 봄꽃이 지천이겠지

그렇게 그대가 봄으로 왔다

동백이 피는 날

겨울의 바닷바람에도
푸른 그 잎으로
붉은 그 꽃으로
너는 피고 버텨
한 계절을 나니

생각만도 애틋할 네게
난 또 무엇이 되랴

너를 그리던 그곳엔
계절 가득 동백도
피었으리라

봄이라

파아란 봄하늘 그빛에 피어나
일렁인 파도위 하얗게 날아서
그대의 어디든 닿아져 준다면
볕좋은 산마루 봄바람 부는날
노랗게 피어낸 봄꽃에 물들고
기다린 마음에 설레던 시간은
사랑한 그대의 곁으로 이끌어
우리의 계절이 봄임을 알린다

춘분, 그리움을 남기다

밤의 시간과
낮의 시간이 같다고,
음과 양이 딱 반이어서
그리움과 슬픔이 같다던 오늘
그대의 시간과 나의 시간도
평행으로 흐르는 봄의 날

봄, 바람, 너는 남국을 날아
어느 섬 청보리 싹 위를 지나고
시간을 잊고 피어 버린
봄꽃의 실수를 다독이며
긴 호흡 끝, 봄의 턱에 닿아
나의 계절이 봄임을 알린다

널 사랑하는 건 선택이 아니다

그 어떤 시련이라도
그 어떤 삶의 질곡 속에서도
서로를 보듬고 사랑하는 건
결코 선택이 될 수 없다
백만 가지의 슬픔이,
천만 가지의 포기가,
흔들고 넘어뜨려 힘든…
좌절이 점철된 인생이라도
나로 인해 아니 너로 인해
우리가 살아 갈 이유가 된다면
그 하나의 이유로 우린,
또 무얼 바라 사랑할까
가슴속 전부로 자리 잡은
너에 대한 이 사랑은
우리의 선택이 아니다
그건 '당연'이었다

들꽃

스치듯 지나가는
계절의 어디쯤
한 줌의 볕과 바람이 새긴 자리,
넌 조그만 들꽃으로
살아 있음을 알리고
아득히 먼 시간의 뒤에서
잊혀지지 않았을 봄으로
얼마의 시간을 기다려야
얼마의 날들이 지나가야
이 봄은 피고 또
네게 닿아 빛날까

기억하리라

언제 안녕이었을까
스미듯 물든 날들
서쪽의 하늘을 따라
나의 가을이 떠나간다

먼 시간 어디쯤에도
머물렀을 이 계절이
사랑이고,
슬픔이고,
그리움이었으니

그저 어느 빛이면 어떠랴
함께 물들고 그렇게 행복했던,
머무르다 헤어져 그리운 밤이
어둠에 묻혀 울음져도
떠난 나의 가을
그 시간을 기억하리라

보통의 날이었다

조금 선선했던
달뜬 기분의 설렘이었지만
일상의 그런 날처럼
사랑하는 사람과 손잡고
함께한 그날이었는데…

어느새 우리
肉身은 스러지고
그 온기가 아직 가득했던
골목 한쪽으로
이제는 볼 수 없는,
영영 아쉬움만이
덩그러니 남았다

참사였다
그냥 끝까지 하지 못한
방임과 무책임이 등 떠민

참사였다

너를 잃었고
우리를 잃었고
끝끝내 눈을 감지 못한 슬픔이 되었다

빛나던 골목 어귀가
어둠에 참수된 그날 밤은
그냥
우리의 보통의 날이었다

이태원 참사의 안타까운 삶들을 추모합니다.

이생인연

찰나를 스쳐가도 남게될 여운처럼
서녘의 변산바다 설렘에 빛나던달
어둠에 스며들고 그대와 만난자리
밤새워 흥이나니 언제고 또볼까만
그어느 삶이라고 가벼이 말해지랴
한순간 그때여도 기나긴 시간처럼
그대와 함께였던 우리가 인연이네

어디쯤

어디쯤 가고 있으려나
그저 당연히 머물러
곁을 주던 시간이
떠나감을 알아 버리고
문득 길 위에서
느끼는 외로움,

난 어디로 흐르고 있는가
채 사랑한다 말하기도 전에
더 전할 말들이 아직 많은데
그렇게 아직 그대의 따뜻한 여운이
남아 있는데
돌아보니 인생의 어디쯤을
그저 홀로 걷는다